Breitseite

Lyrik aus dem philosophischen Untergrund

von Stefan Romacker

Stefan Romackers Gedichte atmen den Geist dramatischer Verdichtung und Zuspitzung, ob es um Beziehungen, Stimmungen, den Akt schöpferischen Gestaltens oder um Krieg und Gewalt geht. In wenigen Zeilen ist alles gesagt, nichts bleibt zurück. Eine Lyrik, die die Lesenden erschüttert, betroffen, angenehm berührt oder auch erheitert zurücklässt. Eine Lyrik, die mit der Übersteigerung ins Metaphysische arbeitet, mit blumigen Bildern zum Wundern, Schmunzeln mit der Anregung, selbst weiter zu Phantasieren. Eine Poesie des Staunens und Fragens, gerade auch in den `bösen´ Passagen heiter, nachdenklich, verstummend.

Stefan Romacker: Studium der Philosophie, Soziologie und Neuere deutsche Literatur in Heidelberg und Hamburg. Philosophischer Praktiker in Hamburg.

Stefan Romacker

Breitseite

Lyrik aus dem philosophischen Untergrund

Bibliografische Information der Deutschen Nationalbibliothek:
Die Deutsche Nationalbibliothek verzeichnet diese Publikation in der Deutschen Nationalbibliografie; detaillierte bibliografische Daten sind im Internet über http://dnb.dnb.de abrufbar.

Buchdeckel: Meike Fehre, Farbwerk von Kathy Neubauer

Herstellung und Verlag: BoD – Books on Demand, Norderstedt

ISBN: 978-3-7460-9893-7

Inhalt

DER DICHTER

Liaison fragile

Das gedichtete Wort
– und nur das –
ist meine Liaison mit der Welt.

Das Fenster der Seele geöffnet
Wirbel erwartend, Brisen,
einen Hauch.
Aus dem Nichtssagenden
Bedeutung saugend.
Aus wächsernen Daseinstropfen
Hoffnungskerzen ziehend.
Liebe extrahierend
aus knorrigem Holz.

Eine vielfallige Reuse mein Geist,
in der sich die toten Fetzen verfangen,
sich zu langen Assoziationsketten
verkleben,
die DNA denkerischen Daseins,
verwickelte Schnüre
gekämmt, geklärt,
zum Trocknen aufgehängt.

Das Fruchtbare bergen
die Alveolen des Geistes,
ziehen es in meine Blutbahnen
mich belebend und nährend.

Wie eine Assel
den Moder der Welt zersetzend
kreieren.
Wörter tropfen aufs Papier.
Wie fruchtbaren Humus
streue ich sie
unter die kalten
Kryptographien
der Welt.

Wer hält inne und erntet?

Alltag des Philosophen

Die trockene Spröde der Geistes-Ahnen
habe ich durchfurcht,
den eisernen Gedanken
Lockerheit zu schaffen
und Licht.

Die trockene Spröde der Geistes-Ahnen
habe ich beträufelt mit saurem Schweiß,
erodierenden Löß gewinnend
der Weisheit Nährstoff
und Dung.

In deine Kerben troff mein Schweiß,
du ließest ihn verdunsten.
Auf deine Knochen fiel mein Licht.
doch blieben nur Schatten,
deine Glieder wie Schmerz
durchziehend.

Bauer der sauren Krume,
der pflügt und ackert
und jedes Jahr von Neuem beginnt,
wie mager der Ertrag
gestern
auch gewesen war.

Das Ende eines jeden Gedichtes

eine Lyristin trägt mit Kafka ihren Weltschmerz aus
der Neugeborene schreit
erhält von der Diakonin einen Klaps auf den Po
schreit lauter als zuvor
wird von der Mutter getrennt -

Friede, Schein-Friede

die Eltern sind ruhiggestellt -

ein kleiner Junge schluchzt -

atemstille

BEZIEHUNGEN

„Das Philosophieren wird ergriffen von der Forderung, es aus-
halten zu können, dass nirgends der feste Boden ist, aber ge-
rade dadurch der Grund der Dinge spricht."

K. Jaspers

Aushalten

Als ich gestern in der Nacht
in meinen Abgrund rief
seine Tiefe auszuloten
waren es der Ellen zuviel.
Heute morgen erst
schallte das Echo trübe zurück.

Doch als du am Mittag
mit deiner Sonne in der Hand
hinabgestiegen bist in meinen Brunnen
schöpftest du Klares, Geklärtes
an mein Tageslicht.

Als ich dich am Abend traf
war dein Horizont verschwunden.
Es war kein Himmel mehr und keine Erde,
Es war kein Oben, kein Unten,
kein Halt.

Doch ich folgte der stillen Spur
deines getriebenen Blicks
und zog ihn gelassen
hinter einem Daseinsschatten hervor.

Untiefen. Horizonte.
Spuren. Schatten.
Mehr Gewissheit wird nie sein.
Sag mir: wie halten wir dies aus?
Ohne Weinen?
Ohne Lachen?
Mit Jauchzen?
Frohlocken?

Ergriffen

Wenn ich mich berausche
an der Symphonie deiner Farben
und du dich versenkst
in meiner Wort Klang.

Wenn ich mich dir aussetze
und du dich mir
in der Gier
die Wolken
von unseren Himmeln
zu ziehn.

An einer Bucht
liefern wir uns
einander aus
und lassen das Segelboot
ins Offene treibend
zurück.

Ins Schwarze hinein
rufe ich dich beim Namen
doch du antwortest nicht.
In die schwarze Nacht hinaus rufe ich
mit schauderndem Rauschen ruft sie statt deiner zurück.
Absorbiert den letzten Funken Lichts der von dir blieb.
Absorbiert die letzte Erinnerung
an deine Unverschämtheit
mich mit ungleichem Schwert
aus dem Dortsein zu stoßen.

Längst überwuchert die Lichtung,
auf der wir uns liebten
längst abgestorben der Ast
über den wir unsere Ewigkeit warfen

Generationen schwarzer Käfer
haben die Spuren unserer Glut zu nasser
schwerer Erde vermalmt.
Die Stämme der Uralten
verschlangen
all unser Verlangen und Sehnen,
formten in ihren Wipfeln den Sauerstoff,
der sich in unsere Lungen fraß.
(wir in uns hauchten - jetzt nicht mehr -)
Sie sind dem Borkenkäfer zum Opfer gefallen.

Dem Borkenkäfer.

Bis gestern war meine Hand ausgestreckt.
Heute greifst du nach ihr.

In meiner Märchenstunde wird

der vorlaute Hänsel
von der Hexe
gefressen.

Durch uns

Durch dich hindurch
fließen meine Verse
wie ein Gedankenstrom
der die Sonnlosigkeit durchbricht
und Früchte fremder Sphären
reifen lässt.

In meinen Reusen verfängt sich
das nahrhafte Plankton deiner Phantasie.
Deine trübe Verwirrung
klärt sich durch die Strenge
meiner sanften Sedimente
in kristallklare Kunst.

Wenn alles gewiss scheint
Die Kastanien blühen
Die Ernte eingefahren
Die Spätsommerleiber beschrieben –
schütten wir übermütig wie die Kinder
die Freude mit Eimern über uns aus
und beginnen
demütig
von vorn.

Wir beide

Es ist nichts
zwischen uns
wird nie etwas sein.

Worte
die sich verlieren
und nicht wiederfinden.

Gesten
flüchtig aufeinander zu
und doch weit vorbei.

Taxierende Blicke.

Es ist nichts
zwischen uns
wird nie etwas sein.

Meine Witze zu flach
Dein Lachen zu laut
Meine Ansichten über das Leben
Dir unvertraut.

Heute Morgen
in meinen Gedanken
sprachst du ein einziges Wort
und ich verstand.

Heute Nacht
in deinem Traum
küsste ich dich auf die Stirn

und du verstandst.

Ich buddle ein lyrisches Grab
das du mit hölzerner Erde bedeckst.

Nie wird etwas sein
zwischen dir und mir.

Zwischen uns.

In deine Gruft

Dir werfe ich mich entgegen
Und stelle mich bloß.

In deinen Wind stelle ich mich
Dass du die Spreu
von meinem Weizen trennst.

Auf deine Mühle gieße ich mein Wasser
dass du mein Getreide mahlst
und ich dir Nahrhaftes schenke.

In dein Getriebe streue ich meinen Sand
damit wir gemeinsam stottern
und staunen.

Deine Glut befeuere ich
und gehe barfuß
über deine heißen Kohlen.

Aus deinem Brunnen schöpfe ich
Kelle um Kelle Kristallklares
Unsere Adern zu kühlen.

Deine Wüste durchquere ich
und pflanze oatische Palmen
für dich.

In deine dürren Dünen grabe ich meine Höhle
um meine Spur vor fremden
Sonnen zu schützen.

Deine Klause schließe ich auf
wische dir den Staub von der Seele
und lüfte sie kräftig durch.

Dir und nur dir schreibe ich
damit du meine Gedanken schredderst
und mit dem Mulch unseren Garten bestellst.

In deine Stille tauche ich
und berge von deinem Grund
die Worte in die du dich versenkst.

In deine Stapfen trete ich
als dein geheimer Verfolger
der dich fängt, sooft du fällst.

Doch in deine Gruft –
In deine Gruft hinab steige ich nicht.

Verletzt

Dein Blick ein Geschoss, eine Festung dein Leib
Ich fing es auf, ich nahm sie ein.

Meine Hingabe
verdorrte
an deinem ausgestreckten Arm
bis sie zerbrach.

Doch hinter deiner Haut
unter deiner Rinde
jenseits deines Atems.

Unter den unausgesprochenen Wörtern begraben
liegt deine Seele
sich den Rücken wund.

Letzte Romanze

Meine Liebe, du Große,
Schöne, Zarte, Blonde!

Konfrontiere mich mit deinem Kot
Deiner Schuld, deinem Tod.

Zeig mir deine Scham
Den Stachel deines Bösen,
deiner Launen übelsten Wurf

Deine Halde will ich sehen
Auf der du Hass, Missgunst, Süchte stapelst.

Lass Luft in deine Jauchegrube,
in die du deine üblen Gerüche versenkst.

Auf den Grund deines Brunnens will ich sehen
In deinen tiefsten verbotenen Wunsch.

Erzähle deinen schmutzigsten Gedanken,
der sich nie nach oben wagt.

Zeig mir die banale Dürre deiner Tage,
deiner Nächte träge Langeweile.

Die Leichen im Keller.
Die abgewetzten Kuscheltiere.
Die abgetriebenen Föten.
Die Menschen, die angewidert das Weite suchten.

Schließ die Oase weg, dann liebe ich dich.

Aller Liebe Kunst ist unverhohlen.

Unsere Farben

Wie auf die Leinwand gebrachte feuchte Pigmente
Die sich fließend berühren, mischen, übertünchen.
Wie der unerwartet neue Ton, den sie kreieren und
fortan ein eigenes Leben führen.
Wie sie sich verbinden mit den tiefen Schichten
bereits Aufgebrachtem,
an den Rändern einander ausgeliefert,
aneinander verflossen,
sich ineinander schlängelnd
neue Muster schaffend und Licht.

So ist unser Leben mehr als Berührung.
In Andacht verharren wir
und staunen unseren Farben zu
wie sie uns neu komponieren
und spüren nur zögernd,
unbestimmt und bang,
wie sie im Untergrund,
von einem unsichtbaren Sog getrieben,
wühlen und wühlen.

Wir warfen unsere Farben ins Grau.
Das hat das Grau zum Leuchten gebracht.
Doch schimmert das Vergangene
im tiefen Untergrund
deiner Augen.

Zwei Gesichter

Schroff
wie die winter-wunde Gischt
gegen basaltene Klippen brennt
begegnest du mir
oder weich.

So weich
dass du dich deiner schämst
mit Margeriten in der Hand
für mich.

Und wenn
zur Mittagstunde
der klare Strahl des Sommerlichts
auf deiner blauen Seite
opak sonst und ein Rätsel
die Schlieren, die du weinst
versengt

Und wenn
in der Nacht
der schwarze Strahl des Mondlichts
deine blaue Seite
kristallin sonst und scharf
samten
umsäumt

bist du offen.

bist du offen
für das Rauschen der Brandung

in die du steigst
mit mir.

Nicht das Meer

Nicht das Meer
Oder der salzige Wind haben mich verraten
Du warst es.
Nicht die stillen Blumen oder das verträumte Kind –
Du.

Nicht dem Meer oder dem salzigen Wind habe ich vertraut
Sondern dir.
Nicht den stillen Blumen oder dem träumenden Kind –
Dir.

Verloren haben wir uns in den Dünen der Zeit
die über die trockenen Halme des Strandhafers wandern
über uns verschlungen Liegende hinweg
durch uns hindurch
und nehmen etwas
von dem wir nicht wussten
wem es gehört:
uns.

In zwei Scherben
Halte ich unsere Geschichte.

Sag mir jemand,
wie das Leben geht.
Ich weiß
es längst
nicht mehr.

Lebenswörtchen

Gemeinsam schleichen wir
am Ufer des Sagbaren entlang
und schielen verschämt hinüber aufs Meer,
das Versenkung
in Untiefen
verheißt.

Mit unseren großen Zehen
malen wir
sich berührende Kreise und Herzen
in den Sand,
jeder für sich.

Wie schmeckt deine Haut?
Mit dem süßen Salz des Ozeans darauf?

Doch wenn Gedankenräume ineinander stürzen?
Der Ozean in Wallung und Gischt,
Zäune fallen, die gehegt
die eigene Brust?

Die Brandung.
Lässt Worte zerschellen.
Durchwirbelt Gedanken.
Schmirgelt sie blank
am feinen Sand
bis auf das krude Mark.

Unbeherrschbar und roh
heult die Brandung ihr Sirenenlied.
Ich höre sie wohl, tanze, taumle.

Du bist gebunden an den Mast,
lächelst beseelt.

Ein Lebenswörtchen nur von dir.

Abschiedslied

Jäh
hast du mir den Wind aus meinem Segel gestochen
das ich spannte dem Flor des trauernden Spaliers zu entfliehn.
Ich stürzte ab.

Meine Vase blumenleer seitdem,
meine Hefte mit Reimen ohne Belang.

Alles was noch schwebt
ist dein dänischer Rosen Duft
auf meiner eisernen Haut.

Alles was noch schwingt
ist meine schwarze Saite
in ihrem düsteren Klang.

Meine Heimat trocken und kalt seitdem
meine Worte ein kläglicher Abgesang.

Im Herbst schreddern wir unsere verwelkten Träume
auf den Haufen der Ernüchterung.
Im Herbst füllen faulige Früchte den kalten Kompost.

Jäh
Hast du mir den Wind aus meinem Segel gestanzt.
Ich tauche nicht mehr auf.

Seit heute

Heute habe ich meine Gefühle
aus jenem Container gefischt
in dessen Tiefen du sie versenktest
und meine wärmende Sprachlosigkeit zurück.

Wenn nur
die vergessen machende Gischt
käme und das Entsetzen
vor dem was wir getan
forttrüge aber
sie kommt nicht.

Ich war der Platzhalter in deiner Seele
wie die Rosen, die du dir zum Valentinstag schenkst
und die autopoetischen Worte zur Erbauung am Morgen.

Ich war der Soßenbinder für dein sämig zähes Glück
Katalysator für deinen flüchtigen Glauben
Knochenmarkspender für deinen leukämischen Geist.

Seit heute
gelingt es nicht mehr,
deine Auslassungen
in Metaphysik zu tunken
und sie genüsslich
wegzuschlürfen.
Sie stecken mir trocken
im Hals.

Liebe Dich

Nimm dich in den Arm
Berühre dich.
Verzeihe dir wie eine sorgende Mutter
Dem unartigen Kind.

Verliere dich und suche dich nicht.

Sei andächtig.
Verehre dich, bete dich an.
Diene dem hungrigen Götzen in dir
Und lass dich von ihm segnen.

Verliere dich und suche dich nicht.

Salbe dich ein mit guten Wünschen
Und schenke dir ein Lachen jeden Tag.
Schwelge in dir.
Und löse dich. Schwebe.

Verliere dich und suche - mich.

Du gehst

Und ich dachte du bleibst für immer
Und ich wußte du bleibst für immer

Die Blumen im Garten
an denen mir nie gelegen,
jetzt gieße ich sie sogar,
auch die kleinen weißen unterm Fliederbaum.

Otto, dein Hund, jetzt geh ich mit ihm.
Ein braves Tier, so treu und klug.

Deine Sammlung Ansichtskarten:
täglich ordne ich sie neu.

Bleib bei mir,
Bei mir.

Stürze auf mich ein

versenke dich in mir bis auf den Grund
tauche ein und greife in die Tiefe.
Ich werde dich bergen.

Stürze auf mich ein
begrabe mich unter dir mit deiner Macht
mich zu berühren.
Ich werde den Deckel über uns nicht schließen.

Stürze auf mich ein
bedecke mich mit geheimen Wünschen
lege sie in mir ab.
Ich bewahre sie auf bis du ihnen traust.

Stürze auf mich ein
wirf dich auf eine Seite
belaste mich wo es dir beliebt.
Ich balanciere uns aus.

Stürze auf mich ein
falle nur und drücke mich nieder
mit deiner Freude und Last.
Ich bin die Matte die den Aufschlag fängt.

Stürze auf mich ein
wirf deine Klarheit in mein Wirren
Ich werde sie neu für dich lesen.

Stürze auf mich ein
überwältige mich mit deinem fragilen Charme.
Ich leiste keinen Widerstand.

Komm stürze auf mich ein
Damit wir uns finden.
Und sollten wir fallen so bleiben wir liegen
Arm in Arm.

Ich hätte nicht sollen

Ich sollte nicht
meinen ersten Gedanken am Morgen
und meinen letzten in der Nacht
an dich verschwenden.

Ich sollte deinen Worten
nicht mein Leben einhauchen
Ich sollte deine Gesten
nicht mit meiner Zärtlichkeit umspielen
Ich sollte deinem süchtigen Blick
nicht mein Flehen entgegenwerfen.

Ich sollte dein Summen
unerwidert
im Treibsand
versacken lassen.

Doch wenn du nicht sagst „ich liebe dich"
mich nicht küsst hältst umarmst
bin ich meiner schönen Lüge längst verfallen
das Ticket das ich buchte ins Paradies.

Als ich erwachte
hattest du vergessen
was zwischen uns ist
die Rechnung beglichen
dich zugeknöpft
und die Tür
hinter dir
mit Schwung
ins Schloss geworfen.

DAS KREATIVE SCHAFFEN

Der Künstler liebt das Gebrechliche, das er stützt, den Augenblick, den er zu einer Unendlichkeit formt, den Wimpernschlag, dem er Dauer verschafft, das Bedürftige, dem er unter die Arme greift, das Zerbrochene, das er zusammenfügt, das unterwegs Vergessene, das er aufliest und würdigt. Ihm nimmt er sich an. Ihm verleiht er seine Augen, seine Farben, seinen Geist. In einem Scherbenhaufen findet er Sinn, in hastigen Strichen Bedeutung, im Schaffen das Glück. Das Nichts mit Farben füllen, ihm seine Berechtigung entziehen. Nie fertig werden damit. Das ist die Kunst.

Was ist Vollendung? Was ist Perfektion? Warum nach Vollkommenheit streben, wenn das Leben uns nur Versuch und Irrtum bereithält? Welcher ist der richtige Moment? Wann lasse ich los? Wann gebe ich frei? Wann gebe ich meine Ahnung frei, etwas geschaffen zu haben? Wann schenke ich dem Bild die Ruhe, die es zum Reifen braucht? Wann vertraue ich den Farben, nachdem ich mich ihnen anvertraut habe? Wann spricht das Bild für sich – und für mich? Dem Fertigen im Unfertigen nachspüren. Den Kontrasten glauben, dass sie Abbild meines Augenblicks sind. Bin ich fertig mit dem Werk oder ist das Werk fertig mit mir? - Wann ist es geschafft? Wenn alles offen bleibt. Das ist die Kunst.

Wenn Farbwerke entstehen

Malen
ist die konvulsivische Bewegung aus dem Epizentrum
der Seismograph zeichnet jeden Strich,
skizziert die innere Erschütterung.
Die an den Grundmauern zerrt.
Eckpfeiler wackeln, weil ins Mark falscher Erinnerung getrieben
bröckeln, zerfließen in frohem Türkis.

Das Beben
reißt einen Spalt aufs Papier
Versunkenes dunkles Azur darin.
Jetzt ist es da. Das Monument dessen
Was vor langer Zeit
Sich in deine Versenkung geflüchtet hat.
Ein fettes Granat-grün jagst du weinend *(lachend?)* darüber.

Im Innern
ist Hitze. Ist Brodeln. Ist Ladung.
Bilder wie Geysire an die Leinwand gespritzt
bis du Ruhe findest bei einem versöhnlichen Grau.
Einem beruhigenden, abstumpfenden Grau
Das die Tränen der Fontäne trocknet,
leise übertüncht.

Aus der Fassung
geschlagen die allzu glatten Seelenperlen
Schlieren ziehend tröpfeln sie aufs untergründige preußisch
Blau,
Du gibst ihnen neuen Halt.
Im letzten Schliff reichst du
dem Unversöhnlichen die Hand.

Das Ende, es naht.

Es ist weder ungut noch gut.
Denn es ist was es ist.
Farbe und Licht.

Stärker als der Mensch

Der Unruhe eine Farbe gegeben
Die sie besänftigt
Der Narbe eine Strich
Der sie bedeckt.
Der Hoffnung eine Spur
die sie trägt.
Dem Gedanken die Kontur
Die in ihm steckt.

Es ist die Farbe, die die Bilder schafft.

Unmittelbar und unverhofft
taucht sie auf, um abzutauchen,
haucht einen Zug Sein in das, was noch nicht ist.
Der Künstler lässt sich führen von ihrer Macht
Wirft sich in ihre Obhut, überlässt sich
Dem Impuls des Blaus, des Grüns, dem Rot

Es ist das Licht, das die Farben gebiert.

Ungefiltert und unverbraucht
Nimmt es dem Grauen die Schwärze.
Wirft einen Strahl auf das, was werden will
Der Künstler lässt sich blenden von seinem Übermut
Lässt es in dünnen Streifen verrinnen zwischen den fingernden
Gedanken, folgt
seinem Spiel der Klarheit, der Schärfe, der Wucht.

Stärker als der Mensch
Ist nur das Licht allein.

raum

Raum wird
mit jedem Schritt
den du gehst,
mit jedem Strich
den du ziehst
mit jedem Blau.

Im offenen Zenit
liegt der Fokus
den du in Farbe bannst.

Den Himmel verdichten
zu einem schmalen Streifen Grüns
ihn umschließen und bändigen
den Himmel in dir.

Die vom Zufall in dein Leben geschlagene Schneise
treibst du begierig voran in eiligem Schwarz.

Raum tritt aus dir heraus.
Du öffnest ihm die Tür
Aufs Papier.

Das Holz

Das Holz atmet mir zu
Das Holz greift aus nach mir
Am Sonntag Vormittag
Greift das Holz nach meinen Farben
Zieht mir meine Farben aus der Kehle
Bedeckt sich mit mir
Erobert meine Linien
Druckt seine Maserung auf mein Herz
Sein Wachsen
Weben
Sterben.
Seinen unverbrüchlichen Stamm.

Meinem Blau

Es ist der wilde Morgen
wenn die Sonne
meine Strahlen bricht.
Ich öffne ihm.

Ich trete hinaus
in meine Farben.
Meinem Blau spüre ich nach
das mich (sich) am Abend angerührt.
Es führt mich
Über tiefgraue Spritzer hinweg
Zu einer moosgrünen Bank
Die mit mir verweilt.

Es ist der Wilde Morgen.
Er öffnet mich.
Der bunte Regen.
Ich lasse ihn fließen
aus mir.

Offenbarung

Nackt
Überlasse ich mich den Farben.
Wie durch Transparenzpapier
sehen sie durch mich hindurch
durch den Geruch der Küche, ihre Fenster
hinaus in den Frühling sehen sie
spüren sie
mich.

Frei
fangen sie die Stimmungen
des Vormittags ein,
rühren sich an - und mich,
saugen mich in ihren Sud hinein.
Beiläufig werfen sich
Luzide Gedanken übermütig auf die Staffelei.
Ich folge ihnen mit Topasblau,
so jungfräulich
Rein.

Bar
aller Gegenwehr zieht mich das Colorit
in seinen Kosmos hinein.
Opal ist es, dem ich den Moment hingebe,
ich werde opal, tanze opal, lache und weine opal.
Ich koste und schmecke an ihm
bis das Bild fertig ist
mit mir.

Zudecken

Meine Hand legt eine Spur frivolen Gelbs,
die ich zu mir verfolge
Ich genieße das Gelb
Und decke es mit einem Teppich gläsernen Veilchenblaus zu.

Mehr Blau. Kräftigeres Blau. Ins Schwarz ziehendes Blau.
Ich verwische die Spuren mit einem Schwamm voll Braun
Zu dem sich kratziges Grau gesellt -
Die Spuren zu mir.

Mit Farbe schmiere ich die Wörter zu
Und die Gedanken, die eigenen -
die fremden zuerst.
Alberne florale Ornamente
Verschwinden hinter einem Schleier
Milchigen Weißes. Den Mond
Versenke ich in einen tiefen Graben.
Allein seinen Schatten lasse ich
Über die Fläche schweben.

Wieder Blau. Aufwühlendes Blau. Hartnäckiges Blau.
Ins Blaue ziehendes Blau.
Die Spur jedoch schließt es nicht. Soll es auch nicht. Darf es
nicht.

Aber mit meinen Farben
Himmel und Erde zudecken -
Sie zu einem Schneeball formen
Und aus dem Fenster werfen.
Das ist mein Glück.

Brocken

Zerbrochenes
Liegt klagend vor mir.

Bevor ich es entferne
gedenke ich ihm mit einem Spachtel Braun
auf der Wand.
In einem Nest versprengter Tupfer
Zersplittert meine Liebe
in dich.
Ein Klumpen Schmerz
löst sich auf
in einem Grün, das sein Lachen
soeben wiederfand.

Die letzten verirrten
Farbbrocken
Verschmelzen
in meinen kalten Händen
zu einer ménage à brun
unauffällig und still.

Zerbrochenes.
Ich male mir Trost
natürlich in zärtlichem
Blau.

Wenn Farbwerke erkalten

Der Moment
Wenn die Farben sich ausruhen
Nach schwebendem Tanz.

Noch ist Bewegung, Fließen, Erstarren.
Dunkles hellt auf und gibt den Blick
Auf meine Sedimente frei.
Grünes sucht sich seinen Weg,
Eine Feinstruktur nach sich ziehend,
über schroffe weiße Klippen.
Die Stunde nach dem Ausbruch.
Die Farben kochen noch
Sie dampfen und zischen
Meine Magma in den Garten hinaus.

Meine Geschöpfe,
ineinander fließend,
kühlen sie sich,
erholen sich,
warten auf ein Zeichen von mir.

Wie eine Geologin seziere ich die Sedimente.
Genugtuende Erschöpfung.
Ist es das, was ich
zu malen hatte?

Etwas –
Etwas ist noch zu tun.

Spurensuche

Es ist der wilde Morgen
wenn die Sonne
meine Strahlen bricht.
Ich öffne ihm.

Ich trete hinaus in meine Farben.

Meinem Blau spüre ich nach
das sich gestern angerührt.
Seine zarte Spur
führt mich
über tiefgraue Spritzer hinweg
zu einer moosgrünen Bank
auf der ich verweile.

Des Blaus
gebrochenes Licht
ertaste ich auf seiner Fährte.
Meine Hand lege ich hinein
und seine Quelle frei.

Der Wilde Morgen.
Er öffnet mich.
Er hat seinen Ursprung gefunden.
Ich lasse es fließen
aus mir.

Sonnenhalde I

Es sind die Farben
die zu mir sprechen,
wenn alles gesagt ist.

Wenn alles gesagt ist
lasse ich den Nebel ein letztes Mal
durch das Tal.

Dann
wenn die Strahlen
wie tanzende Schwerter
in meinen Raum stechen
öffne ich die Tür.

Aus grellem Weiß
Schlage ich einen Fetzen Rot heraus
durch den der Schimmer von Ersehntem fällt.

Ein leichter Schmerz zieht eine
Spur Violetts hinter sich her.
Sie überrascht mich mit einer Erinnerung
an ein Gesicht, ein verlorenes Gesicht.

Das aufgetragene Blau
Legt etwas frei in mir – etwas...
Seinem Hauch folge ich in
Einen kristallinen See,
dem ich auf den Grund male.

Ertappt, gebrochen, glücklich
schichte ich das Leben neu.

Sonnenhalde II

Tausend Tage Sonne
sind in meinen Farben versteckt.

Beim Öffnen der Tuben lasse ich sie frei
in den Raum strömen aufs Papier.

Geflutet von Licht überlasse ich mich
meiner Dunkelkammer, die sich auf die Bögen paust.

In die Stille hinein
höre ich den grünen Bach eines Gedankens,
transparent wie Pergament,
auf die Leinwand plätschern
so unschuldig und klar.

Ich lade das Fließen zum Verweilen ein.
Gebe ihm Ruhe. Das lichte Grün geht über in ein dünnes Türkis,
bei dem ich mich geborgen fühle.
Fühlen darf.

Ich belebe es mit bunten Tupfern,
die aus meiner Hand gerinnen.
Wie Seifenblasen
Fangen sie die Sonne ein
In übermütigem Gelb und Orange.

Tausend Tage Sonne.
Ich lasse sie frei
Auf einen Schlag.
Das ist die Kunst.

WELT, UMWELT UND ICH

Seele und Welt

An welchem Zipfel streift meine Seele die Welt?
Wo sind wir ineinander verwoben – und wo nicht?
Wo lässt mich die Seele alleine?
Und wo werde ich von der Welt alleine gelassen?
Wo nimmt sie mich in den Arm?
Wie nahe können wir uns kommen, ohne zu verglühen?
Wo führt die Welt mich in die Irre? Wo führt mich die Irre in
die Welt?
Oder bin ich es, der die Welt in die Irre führt?

Kann ich auf Gewissheit bauen?
Oder kann die Welt nur im Modus der Frage erscheinen?
Ist in der Frage bereits die Antwort enthalten? Und alles bleibt
offen?
Gibt es eine letzte Frage? Und ist sie dieselbe wie die erste?

Was ist wichtig? Ist es wichtig zu wissen, was wichtig ist? Warum sollte es wichtig sein?

„Folge deinem Herzen", rätst du mir.
Doch wo ist mein Herz? Wo ist es hin?
In welche Richtung muss ich gehen, wenn ich ihm folgen
möchte?
Wo war es gestern noch?

Hat die Seele ein Fenster, durch das ich nach außen sehen kann
– und die Welt in mich hinein?

Leben wir an der Wirklichkeit vorbei in den Tod hinein?
Ist der Tod wirklich? Ist er wirklicher als das Leben?
Bin ich in der Welt? Oder die Welt in mir?
Was fließt durch mich hindurch?
Wieviele Entwürfe erlaubt ein Leben?

Bist du genauso wie ich? Oder bist du ganz anders?
Und wenn du anders bist: worin bist du anders?
Verstehen wir uns, wenn wir meinen uns zu verstehen?

Hängt alles nur von unsrem Willen ab? Wenn der Wille die
stärkste Antriebskraft ist:
Wer steuert den Willen? Wer fährt mit wem Schlitten?
Gibt es einen Beweger? Oder bewegt es sich, weil es sich be-
wegt?
Könnte der Beweger auch anhalten?

Liebst du das an mir, was du kennst, oder das, was du ver-
kennst?
Liebst du nur dich in mir?
Wenn ich deinen Puls fühle: spüre ich dein Blut oder den
Rhythmus deines Blu-
tes?

Kann ich den Worten vertrauen? Was legen sie aus? Dich oder
die Welt?
Für wen sind sie bestimmt? Für dich oder für mich?
Führen die Worte zum Kern? Oder immer weiter von ihm fort?
Gibt es das eine Wort, das trifft? Werde ich es jemals ausspre-
chen?
Existiert es und wartet noch auf seine Entdeckung?

Hat die Welt eine Struktur? Ist sie in Einklang mit der meinen? Müssen beide nicht identisch sein? Oder ist dies gerade ausgeschlossen? Ist Chaos eine Form von Struktur? Herrscht im Chaos Zufall oder Notwendigkeit?

Wenn wir immer in Vorgängiges hinein denken: was denkt uns in den jungfräulichen Morgen hinaus?

Agiere ich oder ist das Leben ausschließlich Reaktion?

Wenn meine Seele nicht die Welt abbildet: was dann?

Wird die Liebe am Ende alles auseinanderreißen?

Utopie

Wenn plötzlich ein Traum aufsteigt wie ein Heißluftballon
an dem Zweiten Himmel,
der nur der meine ist,
und der Himmel ist so blau und der Ballon schimmert rot
weil ich liebe und grün weil ich hoffe
und er tanzt verwegen vor meinen Augen
und ich lege mich kindlich auf den Rücken,
lache und genieße

Wenn sich geschmeidig ein Luftschloss
aus den Mühlen des Alltags schält
und sich wie eine Fata Morgana
hineinstellt in den Zweiten Horizont,
der nur der meine ist,
wenn ich sie betrachte
mit ihrem nicht zuende Gedachten
und ihren Schein-Riesen und Schein-Gebirgen
und -klippen,
und ich sehne und schwärme.

Wenn das Wahrheits-Gewitter über mir hereinbricht
mit Blitzen der Erleuchtung
mit einem Sturm, der durch die Eingeweide fegt
und eine Wassermasse, die Flüsse in neue Betten gießt
und Donner, der schallt wie die Glocken des Jüngsten Gerichts.
Und danach die Zweite Sonne erstrahlt,
die nur die meine ist,
und ich alles verstehe, alles

Wenn das tiefes Glück
Verheißende

der Zukunft entkommt
und sich vor mir postiert,
einen mutigen Schritt entfernt,
und ich ahne die Tiefe
und ich greife mit beiden Händen hinein.

Dann verzichte ich auf den Ersten Himmel.
Dann verzichte ich auf den Ersten Horizont.
Dann verzichte ich auf die Erste Sonne.
Und gebe mich hin.

Der Versuch, den Himmel in Worte zu fassen für dich

Ich spüre das Azur, das sich vom Horizont löst und,
von der Sonne durchgerbt,
sich niederlässt auf meinem Gesicht.
Spüre, wie es durch meine Augen
in mich hinein strömt
wie Blau in mir strahlt,
zu einem Wesen der Freiheit
mich verkörpert,
denn freier als das Blau des Himmels
ist nichts.

Den grauen Nebel spüre ich auf meiner Stirn
Wie er eindringt in mein Gehirn
meine Verkrustungen sanft zu benetzen,
auf dass sie sich geschmeidig fügen
in die atmosphärische Demut des Alls.
Denn demütiger als die Stille des Alls
Ist nichts.

Ich spüre Glut.

Die Glut der Sonne spüre ich,
wenn ich die warmen Kristalle des Sands
an meinen Armen hinunterrieseln lasse
jedes einzelne Korn nehme ich wahr
wie seine Daseinsenergie unter meine Haut kriecht
genieße den wohligen Schauer.
Die Glut, die die Brut der Schildkröten wärmt
Und mich meiner kalten Einsamkeit entreißt.
Denn seiender als Sand
Ist nichts.

Wie alt mag dieses Körnchen wohl sein?

Wie oft mögen sie bereits beieinander geruht haben,
wie oft gemeinsam aneinanderhaftend
durchwirbelt von toxischen Gezeiten,
bevor sie mich berührten?

Welche Reise haben sie hinter sich in dieser Welt?

In dieser Zeit?

Und in jener, die der Mensch nicht kennt?

Ausgeliefert

Meine Worte
liefere ich dir aus.
In meinen Worten
liefere ich mich dir aus.
Sie spiegeln meine Gedan-
ken
und damit alles was ich hab.

Brüsk
hast du die Liebe,
die ich gab,
verschmäht.
Doch eine andere...
eine andere
hab ich nicht.

Das Verborgene,
an dem wir schmeckten,
blieb.

Woher kamst du?
Woher ich?
Warum waren wir
füreinander
so empfänglich?

Als ich schwieg:
Wer hielt meinen Atem an
wenn nicht du?

Jetzt bade ich

Empfangen

Deine Worte
streben zu mir.
In deinen Worten
ent-werfe ich mich
um dich zu überwältigen
mit allem was ich hab.

Forsch
nimmst du die Liebe
die ich gab,
in deinen Schoß.
Eine andere...
eine andere
hat er nicht.

Das Rätselhafte
in uns löst sich,
liegt offen.

Woher kommst du?
Woher ich?
Warum sind wir
so eingenommen
von uns?

Wenn ich schweige:
Wer anders belebt meinen
Atem
als du?

Jetzt schwimme ich
in dem Rausch,

in dem Nichts,
das blieb,
als du gingst.

mit dem
du mich füllst.

Berührung

Die Angst davor, dass mein Gedanke den deinen streift
sich als seine Ergänzung an ihn schmiegt
dass sie gemeinsam in den offenen Raum treten
sich überschlagen und übereinander purzeln
bis ihr Ursprung erfüllt ins Leere greift.

Die Sorge, unsere Hände könnten beim Befühlen,
sich gegenseitig wärmen und bergen,
die empfindlichen Finger schmeichlerischen Kitzel auslösen,
sich umeinander schlängeln
und bereits alles verraten.

Die Furcht, unsere Blicke könnten sich begegnen
und Wahrheit sprechen, wie Blicke dies manchmal tun
wenn sie Horizont, Meer und Grund gleichzeitig spiegeln
und sich durch die Iris hindurch tief
in den Ursprung des Universums fräsen.

Die Furcht, unsere Körper könnten sich tasten
die feinen Härchen würden sich einzeln spüren
ganz vorsichtig und zart
Arm an Arm,
Bein an Bein,
Bauch an Bauch.

Ehrfurcht vor der Welt jenseits des Gesagten
im Banne deines Schweigens.

Dein Lächeln geht mich etwas an. – Nur was?

Hafen

und doch sind es die schwarzen Kähne drunten im Hafen,
nicht die bunten
Markisen der Ladenpassagen,
die dich anziehen,
wenn dir Fug und Recht entfliehn.

Dann träumen sich die Mutgebirge nicht mehr auf
und deine Gipfel verlassen Stunden der
jauchzenden Brut.
Dann flaggen deine Gedanken nicht mehr
hart gegen den stürmischen
nordischer Seen Wind.
Dann treten Erinnerungen aneinander vorbei.

Ehren-Friedhofs-Furcht.
Und klingender Glocken Blumen Schmaus.
An schiffsgerüsten Kärglichkeiten,
die kein Segel mehr wärmt -
durchzechte Albatrosse ohne ihr weißes Gewand -
entlehnst du deine Stütze dem Mistral:
ein Mensch legt seine Zeche still.

Der Augenzeuge

Und er nahm das Messer

Dich hier zu treffen auf jener Höhe unter dem Kastanienbaum...
Die Hecke warf ihren langen Schatten auf deinen nackten Hals.
Du warst so entspannt, so feierlich, so konzentriert.

Du nahmst das Messer

In glücklichen Tagen trafen wir uns hier
mit Stöcken reife Früchte von zerzausten Zweigen zu schießen.
Die Krankheit, sie muß dir damals schon vertraut gewesen sein.
Dein Weg bestimmt, dein Ende klar. -
Hast du dir damals das heute schon zurechtgedacht?
Ich seh dich an: du hast und hast auch mir die Rolle auf den Leib
gebrannt.

Er nahm das Messer und führte es

Der Fels, Depot der fetten Beute einst, er hat dich heimgeholt, er
läßt dich nicht mehr fort.
Bald wird er seine Kälte in dich strömen.
Zwölf Stunden saß ich bei dir. Mein bester Freund,
Du hattest mich gerufen. Ich verstand erst jetzt.

Du nahmst das Messer und führtest es zum Hals.

Ich hielt dich nicht zurück, hielt dich nicht zurück.

Altes Haus

Als wir die Räume bespielten,
tobend die Treppen hinauf und hinunter jagten
mit der Großmutter unterm Dach
in ihrem immerzu schwarzen wallenden Gewand,
die uns Zuckerstückchen zusteckte und verschwörerisch darum
bat,
der Mutter nichts zu verraten –
war uns der Zauber des Gemäuers schon geboren.

Als wir uns ängstlich an den Händen hielten
in dem östlichen Zimmer, auf das ich jetzt blicke
und den unsere Mutter den Alkoven nannte,
den Schlaf nicht findend,
weil der Sturm durch die Ritzen der stöhnenden Fenster pfiff
und das Haus mit den Wipfeln der Fichten sich zu wiegen
schien im Wind.

Als die Dielen knarzten ohne Grund
und das Gebälk seine klamme Feuchte unter unsere Decken
ließ.

Als unser Vater die Scheite, die ich aus dem Schuppen geholt
hatte,
in den Stubenofen stapelte und schürte,
sich die Wärme bis in den kleinsten durchgefrorenen Knochen
dehnte,
das ganze Haus mithin Ofen atmete,

wussten wir es tief und unbestimmt: es hat ein Gemüt, es lebt,
es spricht mit uns.

Als ich es verließ, verlor ich seine Seele und fand sie nirgends wieder,
so sehr ich sehnte und suchte.

Der Verkauf ein Desaster.
Mein Anteil reichte soeben für einen Gebrauchten
mit kaputtem Vergaser.
Doch die Geschwister pochten darauf.

Heute steht es verlassen,
inmitten der Fichten, die ich damals heimlich zog,
genauso wie ich, der letzte noch lebende Verbündete und Freund,
wir beide weinend, dem Sterben anheim gegeben,
und dem Abriss entgegen rottend,
ich verzweifelt, doch du so stolz wie eh.

Zerborstene Dachpfannen auf der Veranda an der Stelle
wo der Großvater nach langem Ringen im Schaukelstuhl die Augen schloss.
Morsche Balken, die mit der Traglast kämpfen.
Efeu tastet sich zu Omas kleinem Fenster hinauf.
Die Läden, die mein Vater jährlich strich, zubruch. –
Wie ich mich schäme dafür.

Nur leise klagend, und hättest Grund genug zu schrein.
Im Stich gelassen, im Stich gelassen von mir.
Ich kann dich noch riechen, deinen Frühling-, Sommer und Winterduft.
Ich kann dich noch spüren, wie du atmest,
deinen Puls fühlen, der Rhythmus deines Raumes
hat überdauert in mir. Mit mir wird er,
wenn nicht das Wunder geschieht,

auf immer vergehn.

Die Bürde der späten Geburt

Wir Opfer unseres Wohlstandes.

Wir unglaublich Coolen
Wir Abgeklärten, Distanzierten
Wir Mut- und Zukunftslosen.

Durch nichts zu erschüttern, durch nichts zu begeistern.
Wir, denen der Krieg nicht mehr als ein Schulterzucken kostet
Die wir noch nicht einmal desillusioniert sind. -
Übersättigte Lösungen
für nicht gestellte Probleme
Die wir immer wußten, wie schlecht die Menschen sind und zu
allem fähig.

- Zu wirklich allem -

Wir Unberührten, die mit Schuld noch Hoffnung je beladen.
Wir, die nicht mehr glauben,
Gott beraubt
der Freiheit beraubt,
beraubt dem Weg, dem Ziel
dem Traum.
Wir Wissenden.
Uns fällt alles aus dem Schoß.

Lernen wir vom Soldaten, was Frieden heißt.
Lernen wir vom Gefangenen, was Freiheit heißt.
Lernen wir vom Teufel, was Liebe heißt.
Lernen wir von dem Mönch, was Ehrfurcht heißt.

Lernen wir vom Alten, wofür es sich einzusetzen gilt -

Denn nur leben,
lohnt den Aufwand nicht.

(Es trifft) Immer die Falschen

Die nicht fliehen können
bleiben zurück.

Die nicht kämpfen können
bleiben liegen. (fallen)

Die sich nicht ausdrücken können
bleiben ungehört.

Die nicht schreien können
bleiben still.

Für die, die nicht fordern können,
bleibt der klägliche Rest.

Die nicht mehr ertragen können
begehren nicht auf.

Immer die Falschen.

Die anderen Ufer

Mutterseelen. Allein.
Männer trinken sich anmutig.
Heulbudenzauber vorgerückter Stunden.
Es eregiert die Schaumkrone des schlechten Geschmacks.
Ein Knappe, seinem Rappen verlustig,
setzt auf ein Kalb
sein Hab.
Ein Haudegen schlägt eine Bresche
für ein Hallelulja.
Auf Befehl
führt der Gefreite seine Geliebte
ab. Jetzt liegt sie ihm
zu Füßen -
das Klosett heult auf
und weg.

Dunkle Macheten.
Kerzen über verlassener Flut.
Grünspan an ausgetrockneten Mäulern.
Zornige Glut.

Mutterseelen. Allein.
Eines Schlechteren belehrt
lieblosen sie ihn.
Es riecht nach Meuchel und Mord.

Wollen wir das?

Wollen wir
das Träumen
durch Computer-Chips ersetzen?

Wollen wir
unsere Illusionen
in Trickfilmstudios produzieren lassen?

Wollen wir
die großen Gefühle
Hollywood überlassen?

Wollen wir
das Würdevolle
zu einer durchgestylten Geste verkümmern lassen?

Uns den Zahn ziehen lassen.
Ja, das wollen wir.
Sonst würde es nicht geschehen

Verrat I

Kinder kreischend,
Ihre Finger an selbstgeklebte Fetische gekrallt.
Tränen der Verzweiflung
in ihren gierenden Gesichtern
Hysterische Münder,
Entrückte Wesen, besessen vom Größenwahn des Götzen
Manipuliert und hirngewaschen vom falschen Idol.
Psychiatrische Kälte.
- Und die Herzen so weich, die Herzen noch so weich.

Hunderttausend freiwillig eingepfercht,
Körper an Körper im Dunste ihres Schweißes.
Ein wabernder Klumpen,
gleichgeschaltet durch den Rhythmus der Musik,
durch hingebungsvolle Spannung
und irreales Gewirr.

Und wollen nur verstanden werden, wollen nur verstanden
werden von sich selbst.

Verrat II

Elektrisierender Rhythmus
Hysterisches Spiel der Fratzen und Leiber
Pure Sangeslust von Hunderttausend auf „Alle-meine-Entchen"-Niveau.
„Freiheit!" zu einem kulthaft reproduzierten Reim verkommen,
dahinter die Leere gähnt.
Anti-autoritäre Erziehung zur Unvernunft
Ästhetische Verführung zum Plattenkauf
Die Hinwendung zum Kitsch
als Gipfel des persönlichen Geschmacks. -
Zum Schunkeln erzogen,
zum Töten verführt.

Der Mut, zur Bühne vorzudringen! - gegen die Kühnheit, das
Unaussprechliche zu fordern
Die Energie, im Gleichschritt zu tanzen! - gegen die Kraft des eigenen Gedanken.

Andere ausgrenzen als einziger Weg zur Individualität.
Farbe im Haar als Zeichen der Autonomie
Der eigene Wagen als Symbol der Souveränität. -

Spaß als das einzig gültige Argument -
Ist es das, wofür große Männer starben?

Kein Entwurf

Aber das ist doch kein Entwurf,
wenn sie ihr bisheriges Leben
dem Winde verschreibt,
auf daß es eines Tages,
einmal um den Erdball geweht,
sie von hinten anfällt und zu Boden reißt,
wo die Schlange nach ihr züngelt und
- obschon sie noch gar nicht bereit -
sie mitnimmt, im Schlamm
Gewürm zu verschlingen!

Ihre Muse verschwendet sie an eine Liebe,
die nichts einbringt als Motten,
staubumwoben.

Es ist nicht bloß Versuch,
wenn sie einen blütenden Teppich knüpft,
sich einwickelt darin,
damit instinkthafte Tiere der Gefahr gewahren,
ihn forttragen an den Abgrund der Welt,
aussätzig, wie sie sich behandeln läßt.

- Ist es doch ihr eigenes Sal, dem sie sich schickt.

Schwäbischer Surrealismus

Wem der Mensch
den Garaus
in den Hintern
oberflächlich
ohnegleichen
hinterherzelebriert
in einem kühlen Rausch von
Unerwählten
Ausgechorten
Umgekrönten
Halbverreckten.
Wem kalbverseuchte Rinderherden,
ungezüchte Morgenröte unter Vandalismus
angezürnte abgeseuchte Brunnenschlachter
Wem die Stunde.
Wem Schicksalshörner
im Gewohnheitsknie aus Flausenbärten
Koordinationskoeffizient
in abgelaugter Würzelbrühe
Kotzpartikel erlauchter Ekelwesen
unbräutige Lamas in Aspik
überhitzte Faraonenphicker
Korinthenkacker
wüstig vereingeklemmt in Viren
Krautigamie
Rostküstengift
im Umgang mit DDT
und anderem Buchsterben
auf geschlossenem Ozean.
Wem der Mensch radieschenknollig
Orgisasterklingeln Fanfarenheini

obdachgelost hingerafft auf ockerbunten
Fahrradfackeln komprimiert lüstern
komprimiert geil
einsamer Karneval
glücklicher Schrottwal
Bachstelzen ungestählt
über offener Flamme
umroster Archidem
schüttelnde Gehirnkolik
Vibratoren auf der Ägäis
Harnbrünftig kopuliert.
Wem der Mensch.

DAS SCHRECKLICHE

Tauchstation

Ins schwarze Wasser fließen die fremden Gedanken
wie Teer und ebnen den Weg in die Hölle.
Wir tauchen hinein.

Man spricht von Wortbruch und Verträgen,
vom Völkerrecht und dem Preis, der zu entrichten ist
für die Schlacht.
Von spürbaren Sanktionen, Störung der Ordnung,
Sphären der Macht.

Vom Menschen,
der einsam, zitternd vor Angst, die Stellung hält
und aus hundert Kilometern Entfernung
ahnungslos
zu Staub gebombt
Von der Wahrheit,
die, uns vereinend, klamm das letzte Wort in Händen hält,
bevor sie über den blutigen Helmen der Schützengräber deto-
niert
Von der Liebe, die sich nackt an die Hoffnung ans Überleben
klammert
und an der Artillerie zerschellt
Rede nur ich.

Lass uns die Musik aufdrehen
Die Decke über den Kopf ziehen
und uns lieben, bis die
alten,

einsamen
kranken
Männer
durch ihre eigenen Waffen
von den Hebeln der Macht
hinweg gesprengt sind.

Wird das Wasser wieder klar sein?
Wir darin baden? Unsere Brust sich lösen?
Werden wir dann noch dieselben sein?

Kriegszustand

Alles schreit nach Vernunft
doch meint die Logik der Waffengewalt.
Alles schreit nach Nächstenliebe,
doch die Reihen sind von Argwohn zersetzt.
Alles schreit nach Metaphysik,
doch die Welt hat jeglichen Sinn erbrochen.

Wenn deine Hände in die Maschine geraten, mein Freund,
wird Blut daran kleben.
Wenn dein Fuß die Zone betritt,
wird Blut an deinem Stiefel kleben.
Wenn du dir den Wanst vollstopfst mit Brot,
wird Blut an deinen Fäkalien kleben.
Wenn deine Gedanken um Liebe kreisen und Frieden,
wird Blut an ihnen kleben.
Und wenn ich darüber schreibe,
wird auch an meinen Fingern das Blut kleben.

An einem dünnen Seil lasse ich eine Bombe für dich herab, Marie.
Nimm sie statt meiner in den Arm.
Ich kann nicht bei dir sein.

Im Krieg III

Es gibt kein Recht auf Vernichtung.
Kein Recht auf Krieg.
Es gibt kein Recht auf Eroberung.
Kein Recht auf Sieg.

Während im Donbass Menschen krepieren schlimmer als im Videospiel
Dächer herab und Mauern einstürzen,
Stahl und Beton sich unter der Gewalt der Explosionen pulverisieren
knüppeln wir uns mit Worten zurecht:
Wer hat Recht? Was trägt Schuld?

Derweil füllt der Regen unsere Zisternen voller Hohn.
Derweil bräunt voller Verachtung die Sonne unsere hübschen Gesichter.

Wir bestellen ruhig unsere Felder.
Liegen eingecremt mit Sonnenhut am Strand.
Die Regierung schickt Care Pakete mit Amputaten.
Ist es richtig? Falsch? Egal?

Mache ich mich schuldig?
Kann ich schuld sein?
Wer könnte sie mir aufbürden, die Schuld?
Muss ich nicht schreiben, die Schuld abzutragen
in einer von Aufträgen so satten Zeit?

Gestern krallte der schreiende Affe sich
mit seinen prankenden Füßen an der Hoffnung fest.
Sie ist dahin. Niedergeschmettert. Vernichtet. Zerstört.

Es gibt mehr als das Leben: die Unschuld.
Es gibt mehr als den Tod: die Schuld.
Doch einen Richter gibt es nicht.

Im Krieg IV

Die Pflichtschuldigen massakrieren sich.
Von nichts überzeugt,
liefern sie sich aus ans dröhnende Messer.

Die Entwurzelten, ihrer Identität Genommenen,
die tief Verunsicherten und Gekränkten, Abgehängten,
die verzweifelt glauben dürfen, überfallen sich.

Was gebiert Wut?
Was atmet Hass?

Wie stumpfe ich ab gegen meinen Nächsten?
Wo ist die Grenze zwischen Frieden und Krieg?
Wessen Meister ist der Tod?
Wer ist des Todes Meister?

Der Krieg, wenn er dich einmal gepackt hat,
verlässt er dich nicht.

Wenn er dich einmal gepackt hat
an deinem wunden Genick
Schnürt er dir die Kehle zu
Verwirrt deinen Kopf
Wühlt in deinem Gedärm
Lähmt deinen Tritt
korrumpiert er deine Seele
der Krieg.

Der Krieg verschwindet nicht.
Du nimmst ihn mit ins Grab.

Ver-Nichtung

Im Zentrum der Macht
gähnt das Nichts
ahnungsvoll
in die Nacht.
Und dessen Bruder:
die Angst.

Das Nichts ist nirgends zuhause.

Es ist das, was vergebens nach Verbindung strebt,
das pure Sehnen, das nicht sucht,
das Schwingen der Flügel im Vakuum,
das Vorbeischauen an dir selbst.

Das Nichts ist nicht der Tod, schlimmer,
ist der Schrei nach Sinn
ins Angesicht des Todes.

Das Nichts hat kein Zuhause.
Wird sich selbst immer ein Fremder sein.
Aber wo es sich niederlässt:
Im Zentrum der Macht

Im Zentrum der Macht
ist das was Wille war gebrochen.
Der Rote Knopf ein Spielzeug
im Schrotthaufen des Nichtigen.

Dem Nichts
ist Auferstehung
wie Untergang

Freiheit wie Gefängnis.
Nur der Tod
bleibt der
der er ist.

Das Nichts ist nirgends zuhause.
Aber wo es sich niederlässt
Und seinen Garten bestellt
Herrscht entblättertes Grauen,
blank.

Ich würde gerne im Grünen baden
und lachen.

Das Nichts ist ein Klumpen Erde in meiner Hand,
ein Atemzug Luft in meiner Lunge,
eine in mich hinein geweinte Träne
ein leises Summen, ein Un-Ton,
un-erhört.

Im tiefen Entsetzen
Hört selbst das Nichts
zu nichten auf,
denn der Krieg
der Krieg
der Krieg.

Gehet hin in Krieg

Eben noch den Wehen getrotzt
die wogende Düne mühsam erklommen
- windige Gestalt im steinernen Meer -
dem Zurückweichen standgehalten
bei jeder Berührung
mit krampfenden Händen
um sich schlagend nach Halt
verschwindend in feinkörnigem zerborstenem gemalmtem
Schrot.

Versunken bis zu den Knien im Kalk
noch einmal den Gipfel bezwungen.
Ein letztes Mal
in die Weite des Wüstengrabes geschaut.
Ein sinnloses Salutieren dem Nichts,
welches vom Winde
getragen vorüberweht.

Blut quillt aus dem Boden, mit tönerner Erde durchsetzt.

Ein finales blind wütiges Aufbäumen vor dem toten Feind
sich behauptend auf dem offenen blutenden flehenden beben-
den
Menschenfeld.
Die harte eiserne Stirn geboten
der Leere gähnendem Schlund.
Unmerklich langsam versinkend
bis zu den Hüften aufrecht
starren geraden Blickes.
- Angst -
Bis zur Brust versackend jetzt

Tage und Nächte des Umherirrens
des Tretens auf der Stelle in die Tiefe
in die schwarze grauenvolle verheißungsleere Tiefe
vorbei.
Erlahmend die gottgeweihten Kräfte.
Vergehend und müde der Tritt.
Schlaff die letzte Aussicht vergossen.
Myriaden der Krieghöfe
in weiter Ebene
vereint.

Ein Schnaufen noch.

Der Himmel stahlblau.

Im Sande verlaufen - ein Mensch.

Opfer

verführt wie Kinder
von einem kleinen Stückchen
Schokolade.
Gebrochene Menschen nun
verscharrt auf der Ehre Feld
oder zerborsten der Leib
auch Arme und Beine
und sogar das Haupt in tausend Stücke zerrissen,
alles von einem Eisen zuviel.
Ins Gebüsch gezogen und mißbraucht
von einem
Helden

der heimkehrt in Erschütterung
und beklemmender Schuld.
Heimkehr
von eigener Leichtgläubigkeit,
vom braven
dahingemetzelten
Opferlamm.
Des blitzenden Ordens
und der Auszeichnung gewiß
kommt er daher

denn seine Opfer auf dem Felde:
sie wußten zu –
gefallen.

Endlos minus einen Tag

Vorbei
an Menschen
die fielen
im Krieg
vorbei.

An Kindern
die ihre Eltern
kaum gekannt
vorbei.

Vorbei an Alten
unverdient Alten
vergrämt vergrätzt verzürnt
Uralten

geben wir dir,
Blühende, Früchte Tragende, Lebende
ein letztes Geleit.

Bevor die kleinen Glocken der Kapelle
scheppernd klirren
verstärken Amseln, Meisen, Eichelhäher
die dröhnende Stille des Jüngsten Gerichts.

Die Taube auf der alten Mauer aus brüchigem, grobem Stein.

Vergebens
haben wir für dich gebeten
vergebens gebetet und gefleht.

Der Schotter knirscht erhaben unter den Sohlen.
Das hölzerne Kreuz.
Die Grube.

Eine Schippe billigen Trostes werfe ich hinein
in die unendliche Flamme der Trauer.

Ich verneige mich.
Reiche dir die Hand.
Nehme dich in den Arm.
Es ist kein Abschied.

Andacht.
An dich gedacht
an mich.

Ein letztes Mal
Das endlos dauern wird.
Endlos auf unserer Stirn.
Endlos minus einen Tag.

FREUND

fortgetan vom Freund -
enttäuscht hat er nicht, nicht enttäuscht -
nahm mir die Heimat, die Heimat mein Freund.

er singt noch das Wiegenlied
doch werde ich nie mehr schlafen
singt entsetzlich fern
entsetzlich zart
eindringlicht
in Gärten ungepflügter Seelenkräuter, die ich esse
in Brunnen-Spiegel, deren gedankentiefe
gedankenklare Wasser
ich ertrinke.

nicht enttäuscht, enttäuscht hat er mich nie
und doch:
er hätte nicht zu gehen brauchen
nicht damals, nicht heute:
den Halt vom Gedanken-Vielgespenst
nicht mitnehmen müssen
in die Erde zuhaus.

Wie einfach sterben geht

Gestern Abend
Habe ich dir noch vorgelesen.
Der Schmerz
Dir ins Gesicht
In den Leib geschrieben
Du spürtest ihn nicht mehr.

Gestern Abend
Hast du mir nicht mehr zugehört.
Die Verzweiflung
Mir in den Blick
Ins Gemüt gelegt.
Ich spürte sie nicht mehr.

Wir nahmen Abschied voneinander
Jeder auf seine Art.

Von Freiheit
Und Vollendung
Haben wir geträumt in jener Nacht
Und du hast Ernst damit gemacht.

Denn am Morgen. Am Morgen.

Wie einfach sterben geht
Hätte ich nicht gedacht.

Nicht mehr sein

Werd ich noch bei mir sein, wenn ich geh?

Werd ich noch an mich denken, an mich fühlen
oder mich verlieren
wenn ich geh?

Werd ich mich noch haben, wenn ich geh
meine Worte hören, meine Gedanken spüren
an meine Kinder, an dich - an mich
wenn ich geh?

Werd ich noch von mir Abschied nehmen,
selbst mein Flämmchen löschen
wenn ich geh?

mich nicht mehr spüren -
mich nicht mehr haben -
mich nicht mehr sein -

Jenseits des Mondes geht ein Mauerblümchen auf.
Pflücke es.

ins Elend springt der alte Mann
und friert
Kein Tod war je gestorben
dem eisernen Laster Lasten Kreuz
die Heugabel ist im Mist gestimmt
mißgestimmt zur Distelharschonie
der Rotz hängt seichtend ins Trief
und krebst drei Bier zur besseren
Auferstehung.
Ins Arschloß glotzt der Alte
Löcher in die Leere bohrend Stein um Stein
angestößt entblößt hurt ein Walroß
im Schoße beiderlei Geschlechts
Kartuchen weißer Fledern
Kratusen bleicher Wehen
wirbelwinden um den Nabel
der Welt.
Allgemeines Ausgebrech.

Fremde und Distanz

Ein Molotow-Cocktail zum Abendrot
irrt auf dem Asphalt,
irrlichtet für einen Augenblick,
doch er lichtet wenigstens.
Dann ein Engel,
zur Unkenntlichkeit schwarz geteert, gefiedert in Öl
und brennt
und brennt.
Kohlrouladen wickeln Menschenfleisch mit Stacheldraht.

Ein Oberschenkel reißt sich
heraus, strampelt sich frei,
wird bewußt und irrsinnt, bis
er dem Straßenschacht zum Opfer fällt.

Worum dreht sich die Welt?
Worum wickelt man sie hier an diesem Ort?
Außer Pißbeulen, Engelsbrand und Menschenfleisch ist nichts
zu sehen.

Der menschliche Abszeß breitet sich aus
in den Hinterhöfen der Stadt
auf dem Land würde man Jauchegrube sagen -
In Pissbecken geschwürt er
vor der blanken Haut. Stimmritzen
wuchern.
Geschreizerreißtfetzen.
Geschrei. Blut.
Ein Mensch will nicht mehr
hält die Hand auf
will nicht mehr,
winselt
ein verlauster Köter spendet Trost,
leckt seine eitrige offene Hand.
Sumpfpilze kreischen.
Flechten hirnauswüchsiger Trabanten
schleimen über das Pflaster.
Roßapfelähnliche Vergiftung der Zeit
ein letztes Atmen.
Ausbruch des Exzesses.

Weltende (Hommage an Jakob van Hoddis)

Ein Höllenfahrtskommando.
Brüllende Parasiten.
Gegurgel am brühenden Firmament.
Ein Blitz fährt aus seiner Haut,
legt sich in den Tau und schläft ein.
Den nächsten erschlägt der Sohn.
Ungehalten der Donner grollt.

Eine Bö weht ein Stück übelriechendes Menschenfleisch her-
über.

Dann eine Gestirnerschütterung.
Der Globus irrsinnt,
umspinnt sich mit Löchern der Zeit.
Die Welt, getaucht in Finsternis, brennt vor Angst.
Das stille Echo ihrer Glut erbrodelt das Meer.
Kein Laut treibt mehr Gemüter um.
Nichts dringt mehr, außer in sich.
Die Felder erfrieren vor Kummer,
Still und mitternacht.
Das All, abberufen am heutigen Tag.

STIMMUNGEN

StrandGUT

Das Einssein. Das Auflösen. Das Verlorengehen.
Ich bin Meer. Strand. Ich bin Sonne und Wind.
Der Sand schmiegt mir seine Kontur in den Rücken.
Meinen Kopf vertraue ich dir an nur dir.

Das Marmormeer zerspringt unter meinen Tritten
und zieht seinen silbernen Vorhang über mir zu.
Aus nördlichem Gewässer schwemmt es Eisiges an meine
Brust.

Den Kopf nehme ich unter den Arm die Dünen hinauf.
Ich brauche ihn heute nicht mehr.

Am Abend

Oben auf dem Richtplatz.

Die Sonne ebbt
über den schmalen Streifen,
den ich soeben für sie erschuf.

Vom Hügel
die satten Wiesen hinab
habe ich dich verlassen
um allein die irdene Kraft
des schlammigen Tals zu saugen.

Die Fersen graben sich tief im Humus ihr Bett.
Zwischen den Zehen kriechen aufgeschreckte Würmer.
Tau bedeckt die welken Birnen im Gras.

Vom Dorf Geklapper.
Ein Bauer zieht zufrieden
das letzte Mostfass des Tages
über den Platz in die Scheune.
Der Duft gepresster Äpfel lockt mich an.

Schon hab ich das Morgen vergessen
mit seinen fiebrigen Nesseln -
nur dich kann ich nicht.
Wann wirst du dein Urteil verkünden?

Mit der Sonne
schwindet das Zutrauen
in eine Welt
ohne Schmerz.

Abend

Der kurze Abend pflügt seine
trennende Furche und
bricht die Nacht vom übersatten Tag.

Grüner Regen hält uns umschlossen.
Vertraut der triefenden Eiche
lehnen wir an ihrer Rinde
und sehnen den fernen Horizont
herbei, den unsere Seele
ans Jenseits der Furche verbannt.

Die verschwindende Sonne
braucht unsere warme Scham nicht mehr.
Hungrig wie die Krokusse
nach den ersten zarten Strahlen
sind wir
nach der Fülle
auf unseren Feldern.

Verschwiegene Früchte
brechen aus unseren Krusten hervor.

Ins Bett deiner moosgrünen Augen
lege ich mich
und lebe.

Am nicht Sagbaren
Gehen wir zugrunde.

Dort wo zuviele Worte sich tummeln ist es zuhause

an der Schwelle zur Blindheit wo hundert Hinweise
aus Fahlem, Trübem führen wollen

wo du liegst mit verschränkten Armen
und Antworten verweigerst

wo ich zurückweiche
vor der Erschütterung durch dich

wo wir allein daran arbeiten
uns selbst zu verstehen

wo Hass nicht mehr
von Liebe zu unterscheiden ist.

Erst an der Schwelle unseres Grabes
wo Blicke durch Augen hindurch
in Seelen schlagen
verstieben die letzten Fragen
und wir atmen Versöhnung, stumm.

Nach dem Rausch

jetzt wieder das Radio einschalten und die Nachrichten ertragen.
Ein Schreiben vom Vermieter – für die Tonne.
Besorgungen, das Morgen planen, das Handy geht nicht mehr.

Und mein Kopf sehnt sich nach blau, kobaldblau.

Jetzt wieder die Wäsche zum Trocknen aufhängen.
Eine Mitteilung von der Bank - ordentlich abgeheftet.
Verpflichtungen, das Gestern verwalten, die Spülmaschine ist kaputt.

Und meine Füße graben im warmen Sand.

Jetzt wieder Zähne putzen, besonders in den Ecken.
Eine Aufforderung der Krankenkasse – auf Wiedervorlage.
Höflichkeiten austauschen am Telefon, der Rasierer ist hinüber.

Und meine Brust wirft sich gegen der weiße Wellen Gischt.

Zum Bäcker gehen, der Arztbesuch, ein Paket abholen.

Das Banale trägt nicht mehr
nachdem ich
in den Dünen
die Tiefe
eines Augenblicks
durchschritten
bin.

Entlang des Blaus

Entlang wehenden Felsen
bleiben die Staubkörner der Wahrheit
zurück.

Entlang den Terrassen des Blaus
An den sonnenbeschienenen Bruthängen
Baden die Albatrosse, die ich entließ
Deinen Himmel zu fluten.

Entlang der Bruchkante des Augenblicks
Versickern die Tränen ins durchlässige
Sediment der Einsamkeit.

Entlang peitschenden Regens der Wirklichkeit
Implodieren kreisende Gedanken
zu einem Schwarzen Loch voll
wärmender Energie, doch unnahbar, fern.

Entlang den Schlieren unbefensterter Räume
durch den dunklen Vorhang der Ohnmacht hindurch
Empfängt eine Anbetende Segen.

Entlang des Blaus
geht ein Mensch,
malt blau.

Mein Tag am Meer

Am Morgen
war die See blank
wie die großen die Sonne absorbierenden
Spiegelteleskope in den Anden.
Das stoppte das leichte Plätschern in meinem Kopf.

Zwei Segelboote trieben zur Untätigkeit verdammt still.

Am Mittag
durchbrach die Sonne die Atmosphäre
und krachte mit all ihrer Macht in mein Gemächt.

Ich ging ins Meer und entspiegelte es
mit der Leere des hyazinthischen Himmels.

Am Nachmittag
säuselte ein leichter Wind
kräuselte die zahme See
träufelte der erste Gedanke
verstohlen durch mein Schädelsediment.

Am Abend
trug ich Strandgut gen Westen
wo niemand es niederschrieb und liegenblieb.

Nachts träumte er davon
wie er mit seinen Worten
das Meer durchflutete
und weinte
vor Glück.

Hineingerufen
in meine offene Hand
zerschellen meine Worte
an der zerklüfteten Leere zwischen mir und dir,
ein Hauch genügt.

Bevor noch der Gedanke sich umschließt
werfe ich ihn auf die Halde
zu dem andern verloren Ungedachten
und gebe ihn der Verwesung anheim.

An der Hoffnung vorbei
schlängeln sich die saphirnen Sätze
trigonale Auswürfe stechender Einsamkeit.
Sie wollen glitzern und schimmern
doch missen
das Licht.

Du hast es mitgenommen.

Herbst

Tanz der hingewehten
Leiber
auf dem Markte.
Welke Träume
schweben
von verdorrten Häuptern
auf den bangen Asphalt.
Verstohlen bricht die letzte Sehnsucht des Sommers
auf stillem, nebelschwadigem Gebein.

Faltige Herzen
gerunzelt und geschorft
nun
von den langen Nächten
durstend und einsam.

Klamme Blicke verraten Mißtrauen
in die Wärme der Welt.
Gedanken vernebelt,
Gefühle verblüht.
Lange Schatten künden
die dämmrigen Blumen des Abends.

Abend

Seewehen.
Tiefe Schwäne in ehrbar blaß gesenktem Dunst.
Gläsern gehauchtes Wasser
Still im Schoße der Berge ruht.
Ein Anflug der seligen Federn.

Yurdanur Adiyaman.

Ein altes Paar geht verloren,
Die Augen beschlagen mit Tau.
Uferwunden,
längst vernarbt.
Ein Herz von südlichem Gemilde.

Yurdanur Adiyaman.

Ein Boot,
Hinausgeschlafen auf offenes Terrain,
Besegelt trunken erträumt
Den welkenden Tag.
Labsälige Dämmerglut.

Yurdanur, mit dir.

Ein Toast auf Lust und Wohlgesang

Aneinander aufgereihte
Vulgärhedonisten.
Bunte Wimpern in ihrem Schlepp.
Die glitzern
und lachen die Fremden ein.
Von fern Gedampf:
auf dem Ofen bürzelndes Gleißgelicht.
Schienenbauer ziehen eine Gerade durch geschundene Leiber.
Weiter geht die Polonaise. Lieber
verfluchen lieber erzürnt.
Wimpern schlagen jetzt zu
hart auf die Schienen
zu schnell zu steil rollen
die Augen, sehen, quellen, quellen
über, rasen, vielleicht ins Himmelreich,
vielleicht
in den geöffneten Mütter Schoß,
zerlaufen, lösen sich auf in Gewein,
in lüsternes Gestöhn
verbotenen Spiels -
in Wohlgefallen
doch nicht.

Der Tross zieht gen -
gen dort, wo Geleis versinkt
in der Suppe eines müden Horizontes,
der, zum Leben erweckt, viele tote Mäuler stopft.
Dort, dort!
Und wenn nicht dort, dann anderswo
werden sie leere Behausungen nach außen kehren,
Schneckenhäuser-Hülsen, die

sie gepachtet. -
Frierenden Mohn in Pfeifen rauchend:
Hülsen werden zu Wort
das Wort zur Untat,
von einer ungesichtigen menschlichen Baracke in Pflasterstein
gehauen.

Eine Weile wird lang wie eine durchnüchterte Nacht so sehr,
ein Atemzug zu einer Anstrengung, die
sich morgen schon nicht mehr
lohnt.

Pfeile der Sehnsucht

Ist das die Fremde, wenn die nächste Sonne Fußmärsche entfernt?
Wenn Wüstenkinder ungeschlachte Tiere treten?
Wenn Berge zitternd frieren von zugefügten kalten Tritten im Gestein?
Ein künstlich Reh springt über den Asphalt,
weint flüstern.
Wo der Berserker zärtlich seine Höhle streichelt
und wärmt mit seinem Fell den Tag
Wo wiesengrün wird aufgetragen,
Lavendelduft von der Abtei
Wo gestern noch zwei Indios
den Mond vom Baume holten zum Verzehr?

Entlassenheit.
Der Wonnentempel ist nicht mehr
nur noch ein paar Ruinen
doch wenn du Liebesgötter hörst:
sei nett zu ihnen!

Zerbrochener Gedanke

Zerbrochener Gedanke, der so verheißungsvoll begann
Zerschmettert von leichtem Geplänkel
pulverisiert in An- und Vorgedachtes,
Splitter möglicher Erkenntnis, jetzt Monumente
schreienden Vergessens.

Zerbrochener Traum, der so süß aufgestiegen war,
zerschellt an den Klippen des Bewußtseins
Fragment ewiger Wiederkehr.
Deine Scherben füge ich zusammen zu einem Gefäß,
welches den Quell meiner Hoffnung birgt.

Zerbrochene Liebe, die endlos schien
zertreten vom Leichtsinn des Besitzes.
Geronnen ist die Empfindung jetzt.
Morgen kratze ich den Schorf von der Wunde,
die du mir geschlagen -

Heute juckt es noch zu sehr.

Reif

Samtig rauh greifen die weißen Zweige nach dem feuchten
morgendlichen Hauch
der sich beschützend auf sie legt.

Beim Laufen leere ich meine Gedanken in den Morgen hinein,
niemals waren sie klarer, niemals einfacher.
Der weiße Teppich knirscht leise unter meinen leichten Schritten.
In wohlige Kälte tauche ich tief.
Wie mit Schwimmzügen gleite ich durch sie hindurch,
in sie hinein,
die sich frisch auf meine Lungen legt
als wäre sie noch nie geatmet.

Ihr zartes Grün hat die Wiese auf der Lichtung unter
bizarr glitzernder Decke versteckt.
Dürstende Wolken ziehen
an der sanften flüchtigen Sonne.

Die Landschaft hält ihren Atem an, feiert still.
Tausend Jahre verwoben in einem Kristall.
Reif war die Natur schon immer – und wird es immer sein.
Nur nicht ich. Niemals.

Ich denke an damals
als sich das Leben angefühlt hat
wie Liebe und die Liebe
wie das Leben.

Ode an die Öde

Es hat sich der letzte Gedanke verwittert
zu Staub! Und das letzte Körnchen Wahrheit dahingeweht
in belanglosem Wind.
Es hat sich eine tiefe Steppe auf die Olivenbaumhaine gelegt.

Das Lächeln sich
- vor hundert Jahren noch -
verbrannt nach des Geliebten Schlund
Bleibt heute festgefroren
an zerrütteter Lippen Grund.

Die gut gemeinten Schäfchen
langst zählt ich sie nicht mehr.
Es hat das Wache sich mit dem Schlafe vereint.

Was übrig bleibt:
der Trübsal wilde Kinder, verwaist.
bar jeder Illusion, aufgegeben das Kind
wie ein empfängerloses Paket.

Längst vergolten alle Missetat.
Es war der Weisheit letzter Schluß.

Ich verstreiche den Tag

Mit einer heißen Tasse Darjeeling
finde ich in den Morgen
der mir nichts verspricht –
oder findet der Morgen in mich?

Gulda spielt Bach,
ich mit dem Fluss
der Gedanken,
der sich letzte Nacht
lieblich verlief.

Aus den Boxen sonntäglich Erbauliches nun,
ein Wort des Trostes für die Untröstlichen
weht mich von Westen an.
Ich weise es gelassen zum Ostfenster hinaus.

Beim Gießen der Pflanzen
nehme ich mich aus der Welt,
bis mich der Appetit
zum duftenden Brot beordert.
Käse oder Marmelade? Beides! Natürlich.
Und Butter.

Sonntag Morgen und ich verstreiche die Zeit –
Oder verstreicht gar die Zeit – mich?

Sattori

Zaghaft
scheint im Zwielicht des Lebens
ein letzter Strahl vor dem Einbruch der Nacht. (/Ein erster
Strahl der Morgendämmerung.)
Die Dämmerung steht still.
Ihr diffuses Licht bricht die Gedanken
und spaltet sie in bunte Spektren der Erinnerung.

Ich bin bereit.

Tiefer schlage ich meine Axt
in die Bruchkante und lege im Schiefer Brocken frei die ich
betrachte. (Und betrachte die herausgesprengten Brocken des
Schiefers.)
Fossilien aus meiner Kindheit.
Ahnungen. Vermutungen. Deutungen.
Trennung und Verbundenheit.
Versteinerte Grimassen, (meiner heutigen Züge frei.) der massive Grund heutigen Gedeihs und Verderbs.
Liebevoll betrachte ich sie und wasche mit aller Vorsicht Unreines ab:
Bedeutungsschwangeres, Orakelhaftes, Kitsch.

Zeig mir, mein Meister, was übrigbleibt.
Zeig mir, wonach ich suche, ich weiß es nicht mehr.
Habe vergessen, wer ich bin, wohin ich ging.
Sagst du es mir? Morgen in den Tau hinein?
In den Morgen, der nicht mehr dämmert?
In den Tau, den die Sonne gestern von den Blättern leckte?

Der letzte Hunger ist gestillt.

Ärmel hochkrempeln.
Wühlen und malochen.
Mit der heiteren Freude die eigene Stärke spüren.
Meinem Bruder Sysiphos reiche ich die Hand.
Der Geist von der Arbeit wund, doch
den Blasen an den Gedanken weichen Schwielen
als Wahrzeichen der Beugsamkeit des Ichs,
bis nur ein Bild bleibt:

sich in den See hinaus Biegendes im Wind
mit pfeifenden Schilfrohrsängern darin.
Wird Friede sein?

Ich bin bereit. Öffne die Tür.

An einem Dienstag

An einem Dienstag
hörtest du zu weinen auf
im Mai.
Wonnenwunden stürmten deine Brust
doch nächtens:
das vollmondige Versprechen deiner weißen Haut.
Rinnsäle der Frucht
im Maienmund.
Vom Blatt ableben ist leicht -
aber am Ende steht der sichere Tod.
Abendflimmern.

Deine Geburt findet nicht statt
dessen der Zeuge aus dir pocht
auf ein gegilbtes Blatt
tropft ein Docht
abgebrannter, rußbeschwärzter Docht.
An mutigem Gelände ziehst du dich in den Morgen empor
hirnumwittert der Tau
rosig der Vögel Gesang.
Gelebt muß ich haben... -

Akkord-Pause

Ein anderes Stück Mensch, ein anderes Stück Vieh
widerborstend durch den Tag.
Heulmotorengetümmel
im Kopf
in den Gliedern
im Schlaf.
Der Moloch gewährt nur kurzen Chaos-Traum. -
Auch nachts ist das Dröhnen widergewärtig.
Der Sicherheitsschuh sagt dem Fuß ade, der nicht mehr stehen
will.
Man trägt den Kopf gewuchtet.

In Rente

Meinen Arsch hingehalten jeden Tag
Jahrzehnt für Jahrzehnt

Nicht meinen Kopf,
Den wollten sie nicht, meinen Kopf.
Der hätte womöglich denken können, der Kopf,
und sagen und fragen und klagen.

Der Langeweile hingegeben
habe ich das Verwalten verwaltet.
Zur Zufriedenheit der Vorgesetzten.
Das zählt.

Eine Fortbildung im Harz, eine Dienstreise an die See.
Drei Verbesserungsvorschläge, ohne Rückmeldung, abge-
schmettert, verlacht wie ich weiß.
Ein Brief für den Kummerkasten.
Unwichtig.

Die letzten sieben Jahre ein Büro für mich allein,
ein Tacker, ein Locher, für die Büroklammern der magnetische
Topf.
Keine Schwielen an den Händen, keine durchgeschwitzten
Hemden.
Ein Rundrücken und Lesebrille.

Vierzig Jahre meinen Arsch hingehalten,
meinen Arsch, meinen Arsch, meinen gottverdammten Arsch.